inverso
ao caos

inverso ao caos

LÉO FERREIRA

—

Ibis Libris
Rio de Janeiro
2018

Copyright © 2018 *Léo Ferreira*
Editora
Thereza Christina Rocque da Motta
Projeto gráfico e diagramação
Priscilla Andrade
Capa
Alice Barbosa
1ª edição em dezembro de 2018.

Dados Internacionais de Catalogação na Publicação (CIP)
Angélica Ilacqua CRB-8/7057
contato@efichas.com.br

Ferreira, Léo, 1958-
Inverso ao caos / Léo Ferreira. – Rio de Janeiro : Ibis Libris, 2018.
94 p.; 14x21cm.
ISBN 978-85-7823-257-3
1. Poesia brasileira. I. Título.

CDD B869.1

Índices para catálogo sistemático:
1. Poesia brasileira

Impresso no Brasil
2018
Todos os direitos reservados.

Ibis Libris Editora Ltda. – ME
CNPJ 09.238.097/0001-40
Rua Pereira Nunes, 395 / 1.701
Vila Isabel – Rio de Janeiro – RJ
CEP 20.541-022
Tel.: 21-3546-1007

ibislibris.loja2.com.br
ibislibris@gmail.com
Associada à LIBRE.
www.libre.org.br

Sumário

inverso ao caos | 9

inimigo sorrateiro | 25

intercessão do amor | 47

intransferível tigre | 59

*É isso o que vale na poesia:
não desistir nunca,
porque ela nunca desiste de nós.*

Thereza Christina Rocque da Motta

inverso
ao caos
—

*

A raiva, atenta, obscurece.
O horizonte é sangue.

Caos inverso a tudo.
Beleza perigosa.

O que era chama, agora é breu.

Tragédias.
Vida que cessa.

*

O baile da transformação abre suas portas.

Tudo cintila.
Tudo exige uma resposta.

Tudo nos diz alguma coisa.

O céu se abre.
A poesia paira impávida.

A vida segue mudando o que há no mundo.

*

O paraíso é aqui.
O inferno é aqui.
O diabo somos nós.

A luz que emana somos nós.

Quem atira lama
e quem a limpa em reverência,
somos nós.

*
Corroído
sem pai, sem mãe,
como uma sombra,
roubo do tempo
o prazer de me iludir.
A morte não me assusta.
Todos os dias, dou um passo lento nessa direção.

*
Minha mãe completa setenta e dois anos amanhã.
Faço quarenta e nove daqui a alguns dias.
A estrada é larga quando olho para trás.
À minha frente, apenas nuvens, pó, limalha e extermínio.
Ao meu lado, o medo e o pânico de perder a consciência.
Morrer e não achar mais nada.
Morrer para não existir.
Deixar de ser.

Amanhã vou almoçar com minha mãe.
Setenta e dois anos desde o seu aparecimento.
Quarenta e nove depois do meu.

*
A voz aponta palavras para o mundo.
Senta-se à mesa e come de tudo.

Fala o que finge ser.
Dobra que produz a sombra.
Sombra de onde nasce a alma.
Amor recluso no silêncio.
Olhos tristes sobre a vida.
A luz que emana do que sobrou de nós.

*

Nasci perdido.

Não conheço muitos lugares do mundo
e, para dizer a verdade,
até minha cidade não faz sentido para mim.

Tudo me é estranho e causa deslumbramento,
ou me provoca sensação de horror.

Não sou blasé.
Não tenho fleuma.

Nasci perdido.
Não faço ideia.

Não leio nada até o fim.
Sou um sujeito de metades.

Compulsivo e pusilânime,
vivo à sombra de exageros.

Eu, infame e pálido,
entre avenidas, verbos,
ressentimentos e agressões.

*

Os inimigos são pequenos:
dores nos pés
pressão alta
medo de morrer

obscuridade
e frieza frente à vida.

No mais, a viagem
é apenas alegria:
amor infinito
natureza, exuberância,
o anoitecer nesta cidade
e essa voz inigualável
chamada arte.

*

Tudo
entre nós
é repentino
menos seu olhar
premeditado
tramado
urdido
amealhado.

*

A reta é o menor caminho entre dois pontos.
Mas, para o poeta, felizmente, existe a curva.

A força da beleza toca-o profundamente.
De forma ímpar, ele pensa sobre a vida.

Ele é a tempestade, que larga tudo e vocifera.

Ele é o cinismo e o teatro, a plenitude e a derrota.

O relato incendiário na floresta dos desejos.
É quem se esgueira, faz o alarde, finca a vida.

Imaginário e denso é o sonho de onde nasce o
homem,

sendo, ele mesmo, o homem que nasceu.

*

No comitê de estrelas intergalácticas
ninguém ilumina
ou é iluminado.

Mas quando uma simples vela é acesa em meio ao breu
Ó Deus! O universo logo, logo se dá conta do clarão.

*

Após a tempestade, espreito o fogo.
Um maravilhamento me avassala.
Nada me consterna.
A tudo, dou combate.
No tabuleiro das ideias, lanço o que perdi.
Me sinto exposto, virado do avesso, arrevesado.
Mais dia, menos dia, tudo se substitui.
Tudo tem seu tempo, seu fogo, seu fim.

*

Onde vivo é inabitável.
O arrebol, eu nunca vejo.

*

Os poetas abrem seus papéis.
O poema salva a todos.
Até o mais desesperado encontra algo.
Da tristeza que o consome, o poeta ri.
Segue seu destino o homem louco e apaixonado.
Molda com palavras o que nem o tempo aniquilará.

*

Outro estado se anuncia:
céu de São Jorge rumo ao infinito,
paixão fluida sobre luz incandescente,
desejo de clareza e sorte,
sol reluzente sobre a relva.

Sigo assim como um menino,
ignorando o que me humilha,
dói e é lastimável nesta vida.

*

Meu corpo é um relevo de intenções acidentadas.

Memória de retalhos,
rastros
lastros
e associações de pensamento.

Autorrelevo do que construí.

Não me arrependo.

Depois de anos, uma história de prazer.

*

O ir e vir do amor pelas cidades,
construindo histórias, produz o mundo.

Uma história do amor ainda não escrita.

*

O pensamento é uma ponte.

Quando atravesso a rua, é a luz.
É quem se deita na relva.

Martírio de quem não ama.
Alegria de quem é amado.

Sexo, corpo, desejo: tudo é pensamento.
Onde começa e termina o mundo.
Meu endereço é uma ideia.
Minha cidade, meu coração.
Meu nome, uma sinapse.
O que conheço de mim é o que imagino.
O corpo que me investe.
Minha viagem.
Constelação.

*

Algumas coisas guardei sobre Cecília:
o gesto infinito
que se constrói no espaço,
e a extensão do tempo
quando estamos sós.

*

Apesar de tudo, eu estou vivo.
Não sucumbi ao horizonte de derrotas.
Não sofri além do necessário.
Sobrevivi.

*

De todas as possibilidades,
apenas me apavora estagnar no lodo,
a calma degenerescência da carne frente aos vermes,
e o suor obtuso de quem teme a morte.

*

Num horizonte além da bruma, estão as coisas que
imagino.

Um dia, vou tocá-las, pois, para isso, vim ao mundo:
nascer e reviver, a cada passo, o que sonhei.

De um horizonte de delícias, observo o que sonhei:
o que mais amo está comigo, em minha cama, todos os dias.

*

Descerá à Terra o amor que temos pelo mundo.
Até aquele que odeia traz amor ao mundo.
Em comum com o Natal, tenho este espírito consumista.
Tenho a solicitude de quem mais odeio.
Sou castigado todos os dias por aqueles que mais amo.

Inferno é fora. Amor é dentro.
Amor é viga.
A rachadura é o pensamento.

*

O encantamento é um deus
que se derrama do altíssimo.

O que sofri, só a mim importa.
Posso falar dos meus vizinhos, se você quiser.

Chove copiosamente no meu jardim.

*

Há poesia em cada história.
De lá, despencam os poetas,
cegos e exaustos.

Uma poeira de poesia assoma o céu da nossa língua.

A palavra cintila.
O pensamento exala.

Estreito vão que atravessamos entre o verbo e o coração.

*

Ando distante daquilo em que confio.
Há dias em que não acredito em nada.
Vislumbro o perigo ao olharem para mim.
Se me dizem algo, desconfio.
Observo meus irmãos e não os sinto.
Não tenho amigos, admiradores ou indesejados.
Não invejo parentes, não os procuro, não consigo.
Num mundo de idiotas que não vivem,
pertenço à raça solitária dos que sentem tudo.

*

Cansado de viver,
estiro as pernas sobre o mundo.
Nada me faz erguer os olhos.
Sou brasileiro, carioca, desobediente.
Acredito em Deus, nos santos e nos orixás.
Respiro fundo e tento novamente.

Nem sempre sou o que desejo.
Queria o mundo do cinema.
Queria as emoções da poesia.
Estou cansado de atender ao telefone.
Estou cansado de atender ao mundo.
Minha vontade é explodir tudo.

Estou cansado, enfastiado, mas cheio de vida.

*

Tudo na vida é viagem.

*

Observo a morte, enquanto ela não me atinge.

Há coisas importantes e gente que não vale nada.
A vida segue, a natureza é implacável.

Minha mulher está sofrendo.
Minha sogra está sofrendo.
Meu sogro está morrendo.

O hospital é o lugar da morte;
o cemitério, repasto dos que morreram.

Um dia, a nuvem negra cobrirá meus olhos,
enquanto o tempo roerá a carne
onde pulsaram os meus dias.

*

Minha cidade se revela na aurora sobre o mar esverdeado.
Na praia de Ipanema, um grande amor está previsto.
Cada boteco, cada buraco, cada esquina me revela.
Cada atenção de olhos ávidos é parte do que sou.
Meu nome está inscrito em toda rua, em toda placa, em toda parte.
Pedras portuguesas, aliterações e metonímias são meu nome.
A língua que se fala aqui no Rio em tudo é diferente da de Portugal.
O português do gênio carioca, do subúrbio, das favelas.

Pensando bem, esta cidade é muito mais que uma cidade:
é uma cilada de paixões e pensamentos percorrendo à beira-mar.

É a espuma do desejo, o escolho, a flor marinha e o sal do mar.

*

Adeuses se desenham sobre as nossas faces.
Mil vezes morte sob a foice desses dias.
Mil vezes ódio sob o céu enluarado.
Há despedida em cada gesto.
O esgar da morte nos transforma em nada.
A cal do tempo nos transforma em nada.
Falta poesia.

*

Todos os dias, eu saio de casa
e viajo para longe.
Não vejo amigos nem mulheres.
Todos os desejos estão proibidos.
Um cão vadio vara a madrugada.
O mundo é bom, se eu não pensar na morte.

*

Seu desejo é como um holofote
que vasculha as nuvens.
Quanto a mim, me imagino
sempre
como as próprias nuvens,
refletidas no espelho
de seus olhos semiabertos.

*

Todo lugar é ponte, aeroporto.
Sempre gostei de vendavais.
Sempre pensei em ter amor.
Sobrevivi como um romântico.

Beijei mulheres, abracei amigos.
Fui iludido e tolo como qualquer um.
Vi nascerem filhos que do amor vieram.
Todas as casas são refúgios.
Todos os dias, alvoradas.
Sempre gostei de estar no mundo.
Pessoas e animais são companheiros de viagem.
Não me conformo com partidas.
Não me debruço ao peso dos queixumes.

Todo lugar é ponte, aeroporto.
Sempre gostei de vendavais.

*

A paixão é uma bebida quente.

Como o calor da noite,
na madrugada,
a paixão pode esfriar.

O amor arqueja embaixo das cobertas.

Eu e ela estávamos ali.

De repente,
a escuridão emudeceu tudo,
o suor cobriu meu rosto
e o mundo inteiro desapareceu sob os lençóis.

*

O que nos conduz à morte também é um caminho.
Construímos pontes, dinamitamos antigas
passagens,
levantamos nossos filhos e partimos para não voltar.
Não há arrependimento para a vida.
Nossas obsessões estão a sete chaves do inferno.
Nossos sonhos, a sete palmos.

Um beijo lavra a superfície do carinho.
Do amor viemos: para amar nascemos.

*

Minha família vem do interior das emoções
dilaceradas.
Viemos de Portugal, do Brasil profundo, da África,
da amizade.
Passei a adolescência longe de minha mãe.
Durante três anos, dela não recebi sequer um
telefonema.
Tornei-me órfão por circunstâncias alheias à morte.
Visito seu túmulo vez por outra.
Escuto seu bilhão de impropérios e reclamações.
Tornei-me órfão sem ela nem precisar morrer.
Meu coração foi soerguido em meio à dor e à
alegria.
Por isso, hoje, quando ando pelas ruas,
observo toda a gente e sinto a vida como ninguém.

*

Os ladrões entram na casa e roubam quase tudo.
Sem pertences, as pessoas não são nada.
Suas personalidades estão nos vidrinhos de
perfume,
nas roupas, no dinheiro, nas joias, nos sapatos.
Paradas, rente às gavetas reviradas,
sem carteira, sem perdão, sem ação,
são vassouras dependuradas,
roupas velhas, garrafas guardadas,
abajures sem tomada,
ou qualquer coisa sem valor.

Os ladrões roubam as pessoas de tudo que elas são.

*

Aproximo-me do que mais importa.
Levo comigo todo o amor do mundo.
Em continentes diferentes vibra a amizade.
Todos os dias, compartilho.
Nossa Senhora está comigo, com seu filho.
À minha frente, espero Jorge em seu cavalo imaculado.
Cecília, meus amigos, três filhos, meus tesouros.
A companheira de magias que o eterno me enviou.
Partirei um dia, envolvido em amor e fé.

Agora e sempre é o que importa.

*

O amor arqueja debaixo das cobertas.
Eu e ela estávamos ali.
De repente,
a escuridão emudeceu tudo,
o suor cobriu meu rosto
e o mundo inteiro desapareceu sob os lençóis.

inimigo sorrateiro
—

*

O medo invade o cais do nosso espírito.

Com precisão de joalheiro
nos transforma exatamente
em tudo o que não somos.

Esse inimigo
antigo e sorrateiro
arromba a casa
arranca as portas
tiraniza a mente
e nos sufoca.

Dá vontade de ir embora
de se abandonar à própria morte
e jamais voltar.

Mas retornamos todos os dias
para lutar
nascer
e reviver como poeta
nossa história
até o fim.

*

Deus, tende piedade das pessoas
que se preocupam com a cor da pele,
sobrenome, dinheiro e religião.

Elas não sabem o que fazem.

*

O tempo passa diferente para cada um,
conforme a velocidade que imprime à sua vida.
Logo, se penso muito e rápido,
envelheço a cada pensamento.
Ganho experiência e maturidade ao observar a vida.
Ganho muitos anos a cada minuto,
cada segundo, cada pensamento.
E nasço, para todo o sempre, todo dia, de manhã.
A cada brincadeira, a cada gargalhada,
renasce uma criança, ávida por aprender
e viver dentro de mim.

*

Tenho a cólera dos animais enfurecidos
o amor dos apaixonados e delirantes
a compaixão ardorosa dos santos
o olhar de um deus sobre a história humana
a dor dos homens quando pensam em si mesmos
e o entusiasmo de um menino que ignora a morte.

*

O homem toca as obras com suor e entusiasmo.
Faz barulho, almoça sempre o seu feijão e vai
dormir.
Torce por seu time no Maracanã.
Deve existir uma receita de felicidade que eu não
tenho.
Estudo, estudo e não consigo o que isso é.

Procuro em lojas, bares, restaurantes, não consigo.
Prostitutas animadas vão à luta todo dia de manhã.
Fregueses empolgados, políticos espertos.
Todos eles são felizes: menos eu.
Deve existir uma receita que eu não tenho.
Ou então foi minha sina que gorou.

*

Entre as coisas que perdi pelo caminho
está uma menina linda que ficou na adolescência
junto à casa em que morava
aonde nos beijávamos todas as noites
tateando o sexo como dois cegos inexperientes.
Estão alguns instantes na casa da tia Maria,
entre canções e livros de Monteiro Lobato,
algumas idas à praia no Posto Seis
onde aprendi a tocar violão e a beber cerveja.

Entre as coisas que perdi pelo caminho
está um punhado de amores
algumas pedras que lancei malvado
para lembrar que sou injusto e incorreto
e que já fui perverso como qualquer um.
Está uma ligação atávica com a família
e a esperança eterna de rever Glorinha,
uma antiga prima de quando eu menino,
perdida entre as diversas coisas
que margeiam meu caminho.

*

Trafego entre palavras
sem saber o que elas dizem.
Nada que respira me parece vão.
Nada que se assinale vil, aborrecido.
Humanamente, me encontro em cada violência,
em cada gesto, em cada farsa.
Entre vazantes, vaus e pontes,
alucinado e arquejante,
sou o menino triste que matou os pais.
Me projetei para seguir em frente,
nunca parar, estagnar, arrefecer.
Não vou morrer.

O dia nasce para que eu exista.

O destino se constrói à flor da pele.
Com meu farol às cegas, imaginário e delirante,
compreendo as guerras ao olhar pra mim.

*

A poesia escorre
pelo assoalho da linguagem,
resto de pó do pensamento,
costura e dobra do que foi tormento,
princípio que ilumina a vida,
laboriosamente preparado,
dentro da calma espectral que assusta os mortos,
faz latir os cães e emudecer as mulheres.

*

Não há dor alguma no passado.
Imaginamos nossa dor e a sentimos.
Tudo renasce.
A imaginação é de onde verte a existência.
O bom humor o que nos faz melhor.
Poetas tristes são perigo para todos.
O umbigo é o anel dos tolos.

*

Sobreviver a crises
e trafegar entre os destroços
é o papel do amor.

Não.
O papel do amor é ser delícia.

Sobreviver a crises
é o que se espera de um grande amor.

Eu e Cecília estamos agora aqui em casa,
assistindo a filmes na televisão.

*

A estrada deixa tudo para trás.

O que sentimos e pensamos,
nossas lembranças,
tudo vira pó.

Vivo meu dia
com a força da carne
e o fulgor da imaginação.

A estrada de quem ama,
longa, diferente,
particular e, para cada um,
repleta de curvas, pedras,
perfumes e paixões,
revela aquilo que devemos ver.

As dores ficam esquecidas.
As ofensas caem na lixeira.

Sobramos nós, apenas,
sobreviventes.

*

A vida assusta.
Nosso medo mais terrível é assistir a tudo,
não escrever o próprio nome sobre a pedra,
não ser feliz, não sentir prazer, sumir de vista,
perder-se em pó, retornar ao pó, tornar-se areia,
ter os sonhos misturados aos rancores,
não ter o espírito aguerrido para reagir.

*

Vem de Outro tempo a luz que me ilumina
Mário de Sá Carneiro

O breu das almas pinga negro sobre as ruas.
Mulheres e crianças sem saber o que encontrar.
Um carrossel de gente triste que prefere a morte.
A palidez impávida das avenidas.
Políticos vampiros sugam sangue em gabinetes.

Dor, fraqueza, assaltos, mendicância e prostituição.
Religiões equivocadas vendem caro seus milagres,
enquanto o sol se põe para sempre e dá adeus
ao amanhã.

*

Perdemos pessoas por incompetência,
maledicência, doença ou distração.
Amigos, vizinhos, parentes...
Todos que perdi eu não me canso de buscar.
O tempo, no entanto, é corrosivo.
E o que se perde não se encontra jamais.

*

Dentre aquilo que se avulta,
maior que tudo é o amor.
Quem o possui, não faz alarde.
Assim, a maior de todas as coisas,
anunciada entre pequenos gestos,
perdura ardente entre lembrança e fato.
Fica calado, se a encontras.

Faça de conta que jamais a viu.

*

Ele aprimorou o gesto a cada desastre
conviveu com a dor sem se tornar vítima
sentiu na carne o que todo covarde evita
escalavrou o peito e tatuou no mundo
iluminou a coragem no mais alto lume
escarneceu da morte sem pedir perdão.

*

O amor tem muitas emboscadas.
O ciúme atiça o fel contra os amantes.
O gosto amargo da loucura.
Desvario e solidão em seu encalço.
Pela estrada da infelicidade,
guiados por promessas vagas,
voltas e projetos que não vingam.
Os inimigos dão risada.
A desconfiança está na sala.
A sensualidade se partiu.

*

O perdão renasce do que era cinza.
Devolve cor à vida. Leveza. Navegação.
Interrompe o ciclo da vingança.
Remói a bílis que vomita. Golpeia o mal.
Tudo é doença. Mesquinharia. Putrefação.
Naufraga a vida. Isolar-se é um desastre.
A mente afia seus desejos para atacar.
Aponta os sonhos contra alguém.

O inimigo vive dentro. Desesperado.

*

Vivo pensando sobre o que eu sinto.
Tenho horror à matemática.
Perfumes e lembranças são vitais para mim.
Poemas e canções são como eu vejo a vida.
O cheiro da minha avó. Alfazema.

O gosto da pele da minha mulher.
A música que ouvi quando eu era menino.
Tudo eu guardei. Menos os fatos.
Poderia viver bem se não tivesse que dormir.
Minha biografia são retalhos e poemas.
Eu não me lembro. Eu sinto muito.
Menino ainda, eu fui-me embora.
Não há perdão ou complacência.
Eu simplesmente fui-me embora.
Vivo de experimentar sensações.

*

A alegria está no mundo tanto quanto o sofrimento.
Os automóveis passam rápido quando não há trânsito.
Tomado pelo frio, atravessei a avenida e fui-me embora.
Estava bêbado naquela noite.
Caminhava em meio aos carros.
Dois amigos me levaram para casa.
Por isso eu não morri.
Não tenho pai, não tenho mãe.
Tenho um amor profundo por minha mulher.
E isso me basta.

*

Poesia – forja rica de metais lavrados.
Miríade de versos. Simplicidade. Exatidão.
Encantamento e magnitude. Criação.

Sendo poeta, entre a beleza e a palavra, sou quem
desnuda.
Sinto. Expresso. Desejo. Almejo.
Sou eu quem luta. Quem comemora.
Quem pende a fronte após a queda.
Sou quem mistura o ócio e a virtude,
a guerra e a ilusão, a água e a areia.
A poesia, não. A poesia é crueldade, egoísmo.
É coisa fria, usurpadora, sem compaixão.
É a mulher entregue ao frio,
enquanto o fogo do poeta vira gelo em sua mão.

*

A carpideira dos meus sonhos nunca têm aonde ir.
Por isso vai comigo a qualquer parte da cidade.

Esteja eu onde estiver, seus olhos duros me observam,
ávidos por transformar minha paisagem em
desolação.

Qualquer lugar é o inferno,
qualquer fogueira é um incêndio,
qualquer desdém, um cataclismo.

Aos poucos, me devora o peito.

Seu coração impiedoso me apresenta à dor,
enquanto ri para o vazio que antecede à morte.

Por fim, cansada de me ver de pé, suga-me a alma
e se apresenta ao céu como se fosse eu.

*
A vida empresta aos loucos o que tira aos poetas.
Aos idiotas, dá a ilusão de que são felizes.

*
Vida: labareda e calmaria.
Sábios não se sabem sábios.
Só observam, como felinos.

*
Um pai se dá em sacrifício.
A mãe se dá em sacrifício.
Enquanto isso, o filho vai à praia todo dia de manhã.

*
Cecília, quando começamos,
sua beleza, eu não sabia.
O encanto por germinar, era só um grão.
Eu não te conhecia.
Só depois vi a joia, toquei-lhe a cútis.
Adormeci.

*
Amor é uma palavra com linguagens refletidas.
Aquele que não ama é um museu de sombras.
Corpos cruzados numa manhã cinzenta.
O verbo e sua vértebra são corpos seminus.
Na última fronteira o amor avança decidido.

Aquele que não ama é um incêndio em vão.
A palavra equivocada leva todos ao limbo.

*

Tenho o Brasil exposto em mim.
Os europeus criticam nossa violência.
Mataram milhões de índios e ainda vêm aqui falar.
No Algarve, um casal de avós assassina e enterra a neta no quintal.
O presidente português é acusado de falsificar o diploma.
Mas vem aqui nos criticar.
Eles deveriam ser mais educados.
Cospem num prato de alegria e vida.
Que fiquem em sua península, em seu continente vetusto,
apodrecido e escandaloso em grosseira polidez.
E logo eles, os maiores traficantes de escravos de toda a história humana.

*

Sou como todos os outros.
Minto. Sou salafrário. Não valho nada.
O Brasil pertence a quem o ama.
Correto ou indigesto, sou como os demais: observo o mundo aqui de casa. E minto.
Minto descaradamente sobre o meu país.

Depois de amanhã é dia de São Jorge.
Ogunhê, meu pai!

*

Nasci há pouco para a vida.
Voltei de anos de viagem.
Observo tudo sempre pela primeira vez.
Abomino políticos e religiões.
Suspeito de todos que nascem velhos,
empedernidos na desgraça de se tornarem adultos.
Suicidas sem coragem.
Seus corpos rangem sobre o meio-fio.
Abortam. Não voam mais.

*

A poesia
ao sol
entoa sal
e tempestade
lavra
engenho
palavra.

*

Quando eu morrer, o mundo desaparecerá.
Não me interessa o que farão depois.
Vou sucumbir nas cinzas como o carnaval.

*

A voz de alguém lendo um poema.

Magia.
Êxtase.

Poesia.

Aos catorze anos, escrevi:
"A noite, com seus lençóis brancos, tenta me envolver".

Tornei-me um Anjo
um Santo
um Serafim.

*

Era uma vez um menino que morava numa casa bem no alto.
Para chegar à casa, tinha de subir uma escada cheia de degraus.
Ele morava com a avó.
Não tinha animais de estimação, mas a casa era cheia de bichinhos:
maribondos, lesmas, girinos, tatus-bola, pombos e formigas.
As formigas faziam uma fila imensa todo dia de manhã.
Sua avó dormia até mais tarde.
Ele acordava cedo, e ia ver as formigas no quintal.
Seu quintal tinha uma nascente d'água que corria dia e noite.
A mangueira do vizinho dava mangas que caíam aos seus pés.
Uma vez, os ladrões entraram na casa e a polícia veio logo atrás.

Daí pra frente, tudo ficou triste, pois sua mãe foi embora.
Seus amigos também, e ele não tinha mais com quem brincar.
Tornou-se perverso e começou a queimar os insetos.
Os ladrões transformaram sua casa e sua vida.
Vivia com medo, sozinho, com sua avó.
Foi quando conheceu seu pai e foi embora.
Foi-se embora para nunca mais voltar.

*

O amor se instala.
O que era luz, hoje é breu,
fogo-fátuo, quimera.
Sua promessa, inalcançável.
A felicidade, prestidigitação.

*

De muitas coisas me livrei.
Do verdadeiro amor,
porém, eu nunca parti.

Cecília.
Não só o nome.

Também a flor
(que não existe)
em minha casa
com seu perfume.

*

O desmatamento é irreversível.
A temperatura torna-se cada vez pior.
Dentro de mim o mundo imita o cataclismo:
desolação e embrutecimento aonde quer que se vá.

Minha adolescência entre canções e livros.
O reflorestamento e as ilusões do amor.
Amigos perdidos para a morte iludível.
A mesma morte desde que nasci.
O desmatamento é insuportável.

A aridez soterra o peito sem qualquer paixão.

*

A subserviência é um veneno.
A alma encarcerada, o alicerce do inferno.

O diabo é sempre um homem delicado.

Uma montanha de tristezas.
Ilha perdida.
Temporal.

*

Recordações da casa antiga,
da vida antiga
e do prego que a segura na parede.

Todos estão mortos.

Minha cabeça é um cemitério de ilusões.

*

Há que se acostumar
à dor do tempo
ao perecível
ao que é finito na paixão
à ausência de glória
à subvida dos perdidos
à degenerescência dos filhos
à ausência dos amigos
ao desamor.

Há que se acostumar com esta vida,
onde imperdoável é não sentir.

*

A vida acontece entre acidentes:
deitar no solo o orgulho vão.
Vestir a calça, calçar chinelos, ir passear.
Olhar o mundo.
Estar feliz onde se está.
Equilibrar-se entre a tristeza e a ilusão.
Acreditar que o dia a dia é o que nos faz melhores.

*

O sol noturno dos amantes cruza o céu.
Um brilho intenso me atravessa.

Caminho entre paixões.
Não há saudade ou arrependimento.

Amor eu tenho.

O sol noturno dos amantes inebria.

Pela avenida vou como quem pode tudo.
Esta cidade escalavrada sobre o peito abrigo.

Invento amigos.
Meu sofrimento acaba quando chega a noite.

Percebo a luz do sol noturno.
Sou um amante essencial.

*

O avarento nunca morre.

Vive perdido, como um vampiro.
Como um desejo inexprimível.

Feito água turva para quem tem sede.
– Os animais não acumulam.

Estar no mundo é estar rico:
milionário de vivência e alegria.

*

A voz de dentro e o que ela diz.
Aponta palavras para o mundo.
Senta-se à mesa e come de tudo.
Fala do que finge ser.
Da dobra que produz a sombra.
Da sombra de onde nasce a alma.
Do amor recluso no silêncio vão.
Dos olhos tristes sobre a vida.
Da luz que emana o que nós somos.

*

A traição se prolonga ao nascer do dia.
Jesus crucificado é o traído em nós.

A traição começa e não termina.
Demora dias, meses, anos até se esgotar.

O delator é sempre alguém como nós.

Quem tortura atrai seu ser para o abismo.
Trai em si mesmo quem o criou.

A violência é uma vergonha.
O traidor está incólume e perambula.

*

A noite existe para as luzes de quem ama.
A alma da luxúria é como um sol na escuridão.

Espíritos sem viço mostram-se à luz do dia.

Nus, entrelaçados, a oração e a bondade não importam.
O novo golpe do império, a fome e o fanatismo deixam de existir.

Quem ama busca a esperança na carne.
O corpo amado é um deus cheio de vícios.

Quem dele não depende está preso ao vazio.
Não sofre, nem se alegra, como um fantasma.

*

O tempo abre as asas, cruza os dias, ergue a vida.

Trama em paz nossa desdita.

Passo a passo, o tecido da memória se desfia.

A pele áspera dos anos revela sua face verdadeira.

Transforma o amor em pó,
a violência em pó,
a cor do tempo em pó.

Tudo é destruído.
O tempo se expande e aprofunda suas raízes.

Homens e mulheres caminham para a morte.
Crianças obscuras sem saber o que virá.

Os minerais, indiferentes.
Os animais, bem mais felizes.

intercessão do amor

O amor é o lugar de que mais precisamos.
A pleno fole de si mesmo, ecoa um nome de mulher.

*

Tarde vazia
   manhã sem graça
tempo ruim.

Eu e ela
estamos bem.

Sol escaldante
vento fresco
à beira-mar

dentro de mim.

*

O resto daquilo em que me transformei
existe apenas para te levar à queda.
Se pudesse, seria eu teu próprio inferno.
Me transformaria num demônio,
queimaria tua alma e beberia teu sobejo,
sopraria as cinzas sobre a mágoa que deixaste.
Daria de bom grado o meu destino ao ódio e ao vilipêndio.
E arderia para sempre em meu inferno secular.

*

Sinto ter perdido alguns amores,
a coragem, o corpo,
a beleza dos gestos
e os estudos que não prossegui.
Mas, no fim das contas,

devo ter vivido, exatamente,
o que cabia a mim.

*

Entre o poeta e a beleza
não há palavras.

*

Nada sei sobre o amor.
Não sei sentir, não sei ouvir, não sei buscar.
Sua presença não me toca.
É nota fora de circulação.
Moeda antiga, tostão, vintém.
Mercado de quinquilharias.
Vazio de exercícios solitários.
Aspereza, sofreguidão.
Mas o que é a vida, se não há ninguém?

*

Os sonhos que transbordam vão bater ao meio-dia.
O meio-fio da existência é o escoadouro dos
delírios.
A poesia é a palavra encantamento.
Iniciei meu funeral no mesmo dia em que nasci.
Muito antes de morrer eu já havia ido embora.
Sinto que em breve vai chover.
Nuvens pesadas cobrem o céu azul aos cariocas de
plantão.

*

A poesia fecha suas portas,
enquanto o poeta lança suas chamas.

Minha mão desenha estrelas e meus olhos veem.

Cada poeta é uma língua e o universo é inventado.

O infinito é onde ele mora.
Eu e ela estávamos ali, sem dizer palavra.

*

No centro, está o medo.
A esperança verte pelas bordas.
Caio e fico submerso.
Cato meus pedaços.
Sou eu que carrego meu passado.
Sou quem engole e não vomita.
Caminho entre palavras.
Assisto à lua subir entre as montanhas.
Escuto tiros na favela.
Rente aos prédios voam os helicópteros.
Vivo no Rio desde o dia em que nasci.

*

Aproveitando os alísios da transformação,
parto da península da penúria em busca de outra
viração.

Trago comigo o que mais amo:
a poesia esparramada sobre a vida,
o sabor de uma infinidade de canções,

a imagem de Cecília sobre o vale da derrota,
e o encanto suburbano que um dia conheci.
A foto nossa com Thereza:
Shakespeare, Shakespeare, Shakespeare.
Mil palavras sobre a mesa e a conversa entre
nós três.
Aproveitando os alísios da transformação,
parto da península da penúria em busca de outra
viração.

*

Grandes poetas exigem grandes temas.
Para mim, o pequenino desmantelo,
a falta de carinho, o rés do chão.
Para grandes aventuras, é preciso não ter medo.
Para grandes poetas, uma vida imensa.
A mim, restou esta novela mal escrita,
de fogo morto, baixo calão.
Para muitos, existe o palavrão,
o xingamento, a labareda e o braseiro da paixão.
Para mim, sobraram apenas estes poemas,
que cofio, como pelos, entre os dedos que,
um dia, retiveste em tuas mãos.

*

Meus horizontes são exóticos.
Paro, mas nada deixa de mudar.
Tudo piora, apodrece, decompõe-se, se vai.

Meus horizontes são mutáveis e diversificados.
Assim é o poeta e sua vida.
Assim me fiz para poder me transformar.
Conheci o mundo ao meu redor.
Imagino o mais distante como aquilo que não sou.
Sobrevivi à fome no deserto das ideias.
Sentimentos aos borbotões e eu sobrevivi.
Meu horizonte eu reconstruo a todo instante.
As frutas, colho-as antes que apodreçam.

*

A aurora se anuncia antes do habitual.
Espero o amanhecer dos seres.
Os habitantes desta noite já se foram.
Amanhece para a morte.

*

Podemos desfrutar o amor sobre os lençóis lavados,
os corpos suados, o delicioso cheiro da paixão,
as lembranças táteis, olfativas,
a saudade inebriante, eu e você, pequenos paraísos,
pela casa, na cozinha, no chuveiro,
e onde ninguém mais pode supor, já estivemos.

*

O sol não se levanta sempre no mesmo lugar.
Todas as manhãs, a luz ressurge para a vida.

Novos horizontes nos aguardam.
De onde menos se espera, ergue-se o presente.

Como a beleza, a arte está aonde não se vê.
O amor navega pelo tempo e não nos damos conta.
A música, a lembrança e as emoções são uma coisa só.
A poesia é o instrumento que nos faz tocar a vida.

*

De boca em boca, as palavras vêm e vão.
A seiva da linguagem, a pétala da vida.
A influência da palavra sobre as coisas que nomeia.
O dicionário e o vernáculo.
O poeta e seu desejo.
As palavras vão e vêm pela boca de quem fala.
Poesia é a palavra, sua força, seu idioma.
A multiplicação dos pães, meu sussurro em seu ouvido.

*

A beleza é direção em minha vida.
Todos os dias, eu vejo o mundo pela primeira vez.
A alegria insaciável dos descobridores.
O olhar surpreendente da criança.
O beijo da saudade e a carícia do desejo.
Voltar à tona e respirar o ar da vida.
Nadar no mar como quem bebe o mar.
A calmaria, o salto em falso.
O que germina e alimenta.

*

As palavras estão sempre perto.
Concretas como de costume.

Impiedosas como o verbo original.
Entre a palavra e o objeto.
Por entre o vento e a montanha.
O tempo se protege na lembrança.
(O oceano é uma ideia.)
A expressão, o que se diz.
As palavras têm a cor da tua boca.
Têm sabor, perfume.
A poesia invade a vida e a ilumina.
Traz à tona aquilo que nomeia.
Aproxima meu nome daquele que me ouve.

*

O anjo negro, além da cor belíssima do ébano,
carrega o castiçal em chamas da vingança,
a ilusão do amor nascido à fórceps,
como se o mundo pudesse retornar
e ser o sonho que já terminou.

*

Trata-se o poema de um objeto como outro
qualquer.
Panela, prato, garfo, copo, colher.
Tudo tem serventia, incluindo o poema.
E nem precisa imaginar pra quê.

*

Escrever de volta numa folha digital
uma palavra, outra palavra,
pontuando o verso como se não fosse,

dando adeus à inocência,
à língua ferina, sem recato,
direta, uma palavra, outra palavra
e eu de volta à poesia.

*

Desenganados, sangrando,
mal-amados e violentos,
a andar pelas ruas, espalhados,
os meninos veem a ira de seus pais,
cegos, bem armados, pervertidos,
na tarefa inglória deste inferno,
que constroem com esmero,
sobre a dor que fingem não sentir.

*

Os pássaros foram os primeiros a nascer.
Os poetas, a exemplo das manhãs, cantam para a vida.
Tudo os excita: a própria morte, o dia a dia ou a desdita.
Têm a força e a beleza de irromper sobre o amanhã.
Trazem estrelas oceanos maremotos e florestas.
Sentem a vida e sobrevivem nas palavras que carregam.
Caminham pela rua como qualquer um.

*

Estar de volta, após tantos anos,
é bem melhor do que não amar.

Observar a vida, tendo vivido,
é digerir o próprio sofrimento.
A pátina dos dias tudo arrasta.
O que nos deixa é breu espesso,
loucura e sonho de viver feliz.

*

A verdade não está fora de mim, alhures, como uma pedra.
A verdade está em mim, como um órgão meu.
Só eu percebo a sua força: está em mim, somente minha e de mais ninguém.
Outros possuem outras verdades, que desconheço e que a mim não diz nada.
A casa de um homem é seu território, livre de verdades que não sejam a sua.
Ali, faz o que quer e bem entende.
Faz a besteira que quiser, com a cegueira que melhor lhe cabe, inconsequente.
Verdade seja dita: a própria vida é uma mentira.

*

Dentro de mim, existe o árido.
Ilha de pedra sem ancoradouro.
Saara sem oásis, despenhadeiro.
Eu mesmo, muitas vezes, o desconheço.
Afinal, minha dor, ninguém sabe onde fica.
Minha raiva, ninguém sabe aonde eu finco.
A razão parece sempre estar em falta.
O que me sobra, emaranhado, é o que sinto.

*

Na toca onde a cobra se entoca
qualquer palavra vira pororoca.
Enquanto isso, o veneno, sorrateiro,
escorre por baixo por baixo da porta.

*

A vida vem aos poucos.
Inteira, só quando está longe.
Infindas, infindáveis partidas.
Ranhuras, sofrimentos, mentiras:
lixo que se estende através dos tempos.
Do nosso mísero tempo,
infinitamente menor que o das pedras
(que não sabem que existem e nem temem o dia de morrer).
E o que é este nosso ínfimo tempo,
comparado à longa viagem que faz o universo?
Façamos algo, ainda hoje,
ao longo das horas, dos segundos, dos dias.
Enquanto há tempo de se transitar por esta vida.
De transcender.
Difícil, problemática e, para sempre
(se é que para sempre existe)
tão querida.

*

As coisas que amamos não têm sentido.
Sentimos simplesmente, nada mais.
As coisas que guardamos para sempre.

Não há lógica, justificativa ou estatística.
O amor existe contra o mísero vintém.
Existe para o sol e para a chuva.
Para aqui e para além dos mares.
As coisas que amamos.
Sentimos muito.
Ponto final.

intransferível tigre

*

Jogo com a verdade para te iludir.
A verdade, no fundo, importa muito pouco.
As fantasias são muito mais interessantes.
A fantasia exprime a essência da sabedoria.
Não existem grandes verdades sobre a vida,
mas há verdades sobre mim que podem ser ditas.
Elas servem, no entanto, apenas para te iludir,
mas agora é tarde: o livro está aberto.

*

Sejam seus
a força que nunca cessa
a fonte que jorra e enleva
o sangue que pulsa e vibra.

A mim
a fome de amor que sinto
a boca que beijo e trago
o gesto de ardor que finco.

*

Quando jovem, bravata e força física
ocultavam a fraqueza em mim.
Agora, após os anos,
já sem medos, cheio de vida,
assisto ao baile da decrepitude
montado sobre um corpo
onde não me reconheço
e de onde pulsa,

ávida por novas chances,
a juventude.

*

Nosso lamento soa triste.
O do vizinho, distante.
Com nossa dor morremos
a sós, assim como vivemos.

*

Fatal é acordar com pés pesados
sem vontade
sem saber se há indício
se há sequer a sombra de um ser vivo.
Fatal é não morrer e estar deposto
fora da vida
sem poemas ou orações
sem dinheiro e sem canções.
Fatal é se perder no amor
reencontrar a vida
e logo em seguida
sucumbir.

*

Escrevo agora
como quem namora
como quem descobre
um mundo novo
um corpo nu
sob os lençóis.

*

A falta que você me faz
filho perdido
não nascido
veio de outra fonte
imbricado em minhas águas.
Filho, por fim nascido,
é a falta que arremata o dia
sem a voz que é tua
sem teu telefonema
sem aquilo que sequer completas
para mim, menino,
Gabriel.

*

Eu conheci
um sujeito
chamado Waly.
Gostava de palavras
bunda, furico, açaí.
Real Grandeza
fã ardoroso da beleza
esse sujeito
de nome Waly
que por sorte
um verdadeiro
golpe de sorte
eu conheci

e cuja conversa
abraçado comigo
numa praça de Ipanema:
"Nós somos apenas poetas,
mas somos o sêmen de tudo",
jamais esqueci.

*

Cecília
haverá outras viagens
por dentro desta
(imensa)
que fazemos.

*

Vó,
quando você morreu,
a arteriosclerose havia tomado conta de tudo.
Você almoçava e nem sabia o que comia.
Por isso, no seu enterro,
todos diziam que viver assim não era bom,
que havia sido melhor você partir,
que você havia ido descansar – como se fosse possível descansar...

Só eu sabia que seu ser estava diluído pelo seu tormento.

Vó,
eu fui criado como filho único.

Uma espécie egoísta e masoquista de herdeiro trágico.
Queria ter você comigo,
mesmo sem saber o que comeu.
Na verdade, mesmo sem saber pegar o garfo.
E até mesmo sem saber quem era eu.

*

Amor são coisas íntimas
feitas em segredo
com paixão
sem a roupa
sem o medo.

*

Estranho tempo
que percorro a cada dia
transcendendo, remoendo
no beiral das portas
tempo arguto, irônico
esconderijo da lembrança, pai do esquecimento
estrada sinuosa que conduz à morte
inexorável fim de toda a carne
tábula rasa de poetas e comerciantes
rebeldes e medrosos
conformistas e revolucionários
amantes indeléveis e homens secos, sem paixão
solitários
diamantes à mercê dos dias, das horas,
que atravessas

sem disfarces, implacável
como um abismo interminável
precipício, foice e fim.

*

Numa arquitetura de ruínas,
por água abaixo vai a própria vida,
tendo acima o céu das ilusões,
tempestuoso após o fim das fantasias,
ávido por ver o sol da claridade,
a contemplar da vida o lado cru, sem maquiagem.
Arquiteto de escombros recolhidos,
construí o meu castelo em solo vão,
argamassa fictícia, alicerce em pleno ar.
Aguardo, agora, a tempestade da tristeza,
para pôr fim à construção perversa que me rói a alma,
auxiliada pelo fel de muitas mágoas,
revalidadas nos fantasmas que carrego em mim.

*

Amanhã será o dia
acordarei
escovarei meus dentes
fixarei minhas ideias numa mente renovada
fingirei que não fui eu quem acordou.
Outra pessoa em meu lugar ergueu seu corpo
um outro corpo
ao longo do espelho não irei me enganar.
Pela manhã

em meio à vida
outras paisagens
aqui por dentro
irei levar.

*

Talvez o espírito humano
habituado ao desrespeito,
à acidez das críticas injustas,
maledicentes,
não possa mais sobreviver
(ou possa, apenas, sobreviver)
sem ser feliz,
sem ter do vento a face ampla, direta,
como tem do mar o navegante
seu ouvido livre do ruído humano,
experimentando o sal, a proa,
o vento errante a lhe trazer os povos,
terras, palavras,
hábitos inusitados, seres diferentes...

Talvez o que em nós seja mais humano,
desprezado por nossos pares,
necessite do poema e acalente ser poeta
para, em mares nunca dantes,
singrar, sedento, em pleno rumo de si mesmo,
esquecido agora de outros seres,
outras terras, a sul, sudeste ou noroeste,
sem mãe, sem pai, sem companheiros,

como um amigo solitário das tormentas,
a espalhar seus raios sobre a face escura
do planeta em que vivemos.

*

Inventa línguas
    máquinas
    viagens
    comidas
    sexo
    transportes
    livros
    universos
    vida após a morte
    valores
    virtudes
    perversidades
    histórias
    filmes
    tintas
    nomes
    cores
    civilizações
    teatros
    ritos
    rodas
    palafitas
    favelas
enfim...

Inventa tudo, menos a felicidade.

*

Perder a vida.
súbito, esse tremor.
Onde quer que eu ande.
Onde quer que eu vá.
Sempre comigo, esta catástrofe.
Agora assumo o meu pavor.
O reprimido vem à tona.
Acende a luz sobre o que estava oculto.
Da espessa bruma da neurose,
ergue-se inteira a minha história.
Perder a vida, nunca perdi.
Passou por mim o medo-pânico de te perder.
E a louca paúra de não ter por quê.

*

Passado o amor, o que nos fica?
De uma mulher, ficou um dia,
de outra, uma canção...

A lembrança de olhar nos olhos,
ao mesmo tempo,
enquanto estávamos gozando,
foi, de outra delas, o que restou.

Mas do amor exato, certeiro,
aquele que nos crava as unhas,

dilacera a alma,
o que nos fica é mesmo um traço, uma pequena marca,
indelével como o fogo de um suposto deus.
Amor.
Por isso vivo.
A isso dou de mim a alma,
o brilho intenso que comigo guardo,
a consumir meu nome, minha casa, meu coração.
Amor.
Venha daí como estiver:
alquebrado, capenga, desdentado...
E se não há mais chama para se queimar,
então, que se reinvente o fogo,
sob a luz opaca dos imensos vendavais.

*

Os deuses se enamoram
pelos homens e mulheres que se apaixonam.
Deuses também têm seus prazeres,
idiossincrasias e perversidades.
Sou um homem que queria ser um deus.
Quando morrer, vou conversar com eles sobre isso.
Deidades se apaixonam pelos homens à distância.
Homero e Jorge Amado já falaram sobre isso.
Abre-se a Tenda dos Milagres para refrescar Ulisses,
sedento, em sua volta para casa.
Pedro Archanjo fala sobre os orixás,

enquanto Exu espia tudo de seu canto,
como um Hermes mais malandro,
sinuoso, matreiro, espectral.
Quando sonham, os deuses são humanos.
Já os homens, quando sonham, são divinos.
Divindades se apaixonam e se abraçam, e procriam,
e despencam sobre a terra,
onde nascem assustados como nós.

*

A bordo do avião, entre grandes distâncias,
penso na aventura errante,
no ir e vir que nos consome,
nos torna o que somos,
seres em trânsito,
entre lugares,
paisagens interiores,
estações,
sofrimentos,
alegrias,
VIDA,
vão entre clareza e obscuridade,
onde trafegamos, todos os dias,
herdeiros, que somos,
de quem veio antes,
viajantes intrépidos,
cavaleiros da estrada
sinuosa
que nos leva ao fim,

cheios de medo,
indo e vindo,
apesar de tudo,
apesar do pânico,
já que, no fundo,
fé e amor é do que somos feitos.

*

Já que somos feitos de paixões
buscas incessantes
e bruscos arroubos desesperados,
que se recomece a história
e se inclua o imenso lastro dos que se perderam.
Já que somos feitos igualmente
de uma paixão estranha
que a nem tudo segue ou acompanha
que a nem todos ergue do limbo
na vingança que nos traga a alma
nos estraga a raça e nos atrasa a vida.

*

Thereza, uma amizade me caiu no colo
quando supunha não receber mais nada.
Em meio à vida que levo comigo,
agora, amiga, com você, eu voo,
a céu aberto ou sob trovoadas,
olhando o chão ou simplesmente amor.
Mais uma estrela eu conquistei na estrada,
na longa estrada onde eu amei demais.

*

Eu vi a poesia no asfalto.
Vi meninos nas ruas.
A poesia, em meio ao ódio, semimorta.
Vi meu amor sumindo.
Onde estava a minha vida?
Minha história é meu amor.
Poesia é meu estado,
seja onde for.

*

Todas as cores cabem no meu sangue.
Todos os DNAS são um único DNA viajando
através do tempo.
A vida importa para a natureza na medida da
reprodução da espécie.
As vidas individuais só contam para os que vão morrer.
Sinto saudades do meu cachorro.
Gosto muito de tocar violão e de cantar.
Estou com tendinite.
Meu aniversário foi esta semana.
Gosto muito do dia dos meus anos.
Sou uma criança.
Por isso entendo o que se passa.
Só não posso explicar.
Penso no Luís Capucho, vez por outra.
Penso em mim mesmo, o tempo todo.
Gabriel vai viajar.

Tenho medo de que algo aconteça a ele.
A verdadeira viagem é para dentro.
Depois, ir a outros lugares será sempre prazeroso.
A verdadeira viagem não tem volta.
Não aceita adeuses.
Fui.

*

Há no amor um movimento
o calor de vários dias e momentos
quando brota a flor mais bela
cultivada nas delícias
dia e noite
em meio ao frio
aonde há neve
no deserto
embora no amor não haja
nunca
o deserto.

*

Eu amo, tua amas, ela ama.
Eu minto, tu mentes, ela mente.
E o amanhã, como será?

Meu coração tem muitas cores.
O dela, meus amores.
E o amanhã, de quem será?

A chuva forte da paixão
irriga o solo que vai destruir.

E o amanhã, que flor dará?
Todos amam à vontade.
A mentira é um detalhe.
O amanhã, uma ilusão.
Mas de ilusão também se vive.
A verdade é uma mentira.
O amanhã sou eu quem faz.

*

Tatuagem.
Lembrança de outra vida.
História antiga.
Reedição de fatos.
Perpetuação do que devia sucumbir.

Tecido da memória sobre a pele do espírito,
lá estão as minhas marcas.

O que tatuo, só eu posso enxergar.
Velhice rabiscada não habita a minha carne.

Símbolos caquéticos,
transpiração sem fôlego,
ardor desbotado do tempo.

Polis tribal de eu menino.
Lembrança que eu não quis.

*

O excesso nos conduz ao precipício.

Impossível não chorar,
ainda mais não sofrer.

Olhar para dentro e abraçar o vão.

Sem piedade,
sem lágrimas,
sem comoção.

*

A cor da pele não importa.
Importa a do sorriso, abrindo a porta.

Seu cabelo, sua fé,
seu guarda-roupa,
pouco dizem.

Reparo em tudo:
vejo por dentro
o pensamento,
o coração...

A cor da pele, não.

Já o matiz da alma, é coisa muito preciosa.

Estar atento ao homem branco
            ao homem preto
            à distinção.

Não permitir espadas sobre a mesa,
espinhos no colchão.

Tudo que existe deveria ser irmão.

*

Implicar é arte para sádicos.
Sórdidos, sem compostura, implicam.
Quem tem coragem, faz pior.
Nós, que temos medo, replicamos.
Levamos qualquer um ao seu limite.
Enervar o próximo é nossa regra.
Aguentar a implicância
é coisa de quem ama.
Amar é implicar por implicar.
A implicância é uma charada.
O implicante, uma esfinge.
(E o implicado, um santo!)

*

A beleza está no mundo.
A contragosto, um dia, irei embora.

Uma senhora.
Um menino.
Uma menina.

Fio do destino.

Estrela que cintila
entre um olhar e outro,
entre a paixão e a entrega,
entre o sentido e o que se diz.

Amor:
segredo a céu aberto,
em quartos úmidos,
calor.

*

Os homens sabem como faz a morte
ao penetrar a carne.
Aprenderam nas batalhas,
desde a infância,
quando o sangue que corria
era desdém e violência.
Aprenderam nas batalhas,
ao longo de séculos, guerras,
homicídios, catástrofes,
quando o sangue que corria
era justiça e insanidade.
Os homens sabem como faz a morte.

Sabem também como fazê-la,
à espera de outra ceifa
para a própria vida,
guardada a sete chaves,
com pavor e solidão.

*

A noite ensina ao dia:
o breu imiscuindo as almas
os sonhos perfilados

infinidade de desejos
a multiplicação da espécie
calma e violenta como a vida é.

O dia retribui, mostrando à noite:
os olhos bem abertos
os inimigos perfilados
desejos afiados
o sexo sutil e detalhista
minucioso e requintado como a vida é.

*

Poesia
são palavras
mais humanas
mais nervosas
amorosas
mais raivosas
são palavras
mais insanas
mais bonitas
verdadeiras
de mentira
são palavras
tudo pode
são palavras
homens santos
são palavras
minha mãe.

*

Um latido alarga a noite.
Alguns sujeitos falam alto.
Outros dão risadas.
Vozerio, goles ávidos, calamidades e escuridão.
Assisto a filmes no sofá, recém-saído do hospital.
Imagino uma centena de paixões entre você e eu.
Meu pensamento e o destino entre você e eu.
O alarido alarga a noite para o meu amor.

*

A velha Ruth olha seus filhos:
a obra exata de uma vida está ali.
Observa o andar de um, o olhar de outro,
a fala de um terceiro, a inteligência de uma neta...
A vida inteira quis assim: uma família.
Sua arte foi fazer frondosa a genealogia.
E é com a voz vitoriosa que conclama a sua prole
para a ceia de Natal.

*

Devorei Cecília.
devorei-a com o coração.
E não apenas ele:
tudo
em mim
tornou-se boca.

*

Quando canta
a voz de uma mulher

é a coisa mais bonita
pôr-do-sol Arpoador
janela do avião
Guanabara
nada se lhe compara:
*Elza Soares Janis Joplin Marisa Monte Cássia Eller
Gal Costa Carmem Miranda Ella Fitzgerald Nina
Simone Elis Regina Elizete Cardoso Clara Nunes
Nana Caymmi Adriana Calcanhoto Clara Sandroni
Ivone Lara Ângela Maria Maria Bethânia Edit Piaf
Billie Holyday Bjork Joan Baez Emilinha Borba
Dalva de Oliveira Marina Lima Ceumar Vanessa da
Mata Rita Lee.*

*

O fel da mágoa se amalgama
amarga a alma
e cospe fogo sobre mim.

Vomito o fel.

Flor das tempestades,
me dou à chuva,
ao sol crestando,
ao rés do chão.

*

Sobre abismos,
o passado e sua sombra:
seres abissais

crimes, crises, abandonos...
Até o dia de morrer.

*

O homem imagina
que as horas passam
que o dia acaba
que outro ano se inicia
e que ele irá morrer.

Fantasia que se perpetua
que possui seus filhos
que seu deus é grande
e que o inferno existe.

Pressupõe um tempo
uma continuidade
e uma eternidade
ao vislumbrar seu fim.

*

Dentro de mim
inamovível
inconsolável
o tigre.

Suas garras
intratáveis
intransferíveis
são algozes.

Selvagem
desconhece
sem problemas
o perdão.

*

O segredo
para mim
é muito simples:
basta ter coragem
olhar a vida
os amigos
conversar
tocar violão
cantar
dar aulas
escrever
cumprimentar as pessoas
ter fé
ser feliz
e ir com ela
de mãos dadas
até o fim.

*

o espírito anima a carne
mas a carne
todos sabem
dá ao espírito

o que ele não tem
cor, sabor, vontade de viver
o espírito vai ao céu
e eu não sei nada sobre o céu
a carne desce à terra
meu canto predileto
do universo.

*

João com raiva, porque não fui à festa dele.
Gabriel com raiva, porque não foi convidado para o meu show.
Minha sogra reclamou porque não conversei com ela.
Minha mãe sempre a precisar de mim.

*

O que trazes na alma,
me interessa.

A trajetória por teu coração aflito.

Trago por dentro um longo tempo,
amadurecido entre o que sinto e o que interpreto.

O que expresso,
é resultado do que amei na vida.

Como um fumante inveterado,
inalo do mundo este sentir profundo,
que a ele devolvo entre volutas de existir e ser.

As emoções que brilham sobre o dia,
com os amigos,
compartilho.

A isso, chamam poesia.

Poesia.
Poesia.
Poesia.

À noite
(irrequieto Capitão de Longo Curso)
reservo aos devaneios,
em longas viagens internacionais.

Entre 1º e 3 de janeiro de 2016

*

(Morro do Turano, por trás do borracheiro)

A lua estava
a noite não estava
o céu azul
azul por demais
azul em riste
azul fugas
passando logo
o breu por trás
a noite chega
estrelas chegam
e a lua

nua
chega mesmo a brilhar.

*

um filho é um pedaço seu
que se torna outro
e se faz outro
até morrer
em mim.

*

Dias de tormenta
dias sem dormir
dias indo embora
pelo ralo, pau a pique
dias de hospital
sentindo dor, sobrevivendo
soçobrando, indo a pique
dias que não passam
que se arrastam
como larvas
como um coma
num buraco
sem ter fim.

*

(Para Thereza Christina)

A paixão da página sobre a mesa,
na estante, pendurada sobre a mente,

na memória, é o que move a minha amiga
com sua roupa de papel, de cartolina,
sua sopa de letrinhas, sua poética de lava,
(eternamente fogo nas palavras,
vida nas palavras, sopro nas palavras),
enquanto um de nós, apenas um,
qualquer que seja, puder lançar seus olhos,
maravilhados, sobre o papel impresso,
ao acaso, sobre a mesa, fascinado,
após pegar o livro, alisá-lo,
tendo sentido seu cheiro e sentindo-se,
ele mesmo, dono, cúmplice, artífice e,
porque não, o próprio Deus
entre vocábulos: o poeta.

*

No sexo, é melhor chegar primeiro.
Já no amor, só vence o último.

*

Os poetas têm palavras
sob a pele da linguagem
e se movem sobre a terra
que imaginam construir.
Corajosos e vorazes
se aventuram na linguagem
sob a capa desvairada
da estrada que percorrem.

*

Certos desejos são impronunciáveis.
Certos dias, equívocos desvios.
Posso, contudo, desfalecer e despertar.
Tenho vontade de viver pela eternidade.
Certas palavras nos consomem.
Outras nos fazem viver.

*

A cada ser, seu universo,
sua casa, seu sol poente,
sua estrada, seu paraíso.

A entrada para o mundo não tem porta.
O bilhete não tem preço.
O endereço é fictício.

A cada ser, sua ventura,
sua paixão, seu próprio sol
e calmaria.

*

As coisas simples estão entre as minhas favoritas:
olhar as montanhas de frente para a minha sala,
observar a chuva quando se aproxima,
esperar o ônibus ao lado das crianças que saíram
da escola,
ou simplesmente respirar o ar que envolve do
mundo.

Descansar é saborear a existência,
bem mais do que correr atrás da vida,
ofegante, preocupado, desprovido de paixão,
escravizado ao tempo e inapropriado para o amor.

*

Num silêncio prolongado, as palavras me evitam.
Poesia é palavra e as palavras se esquivam.
Do inferno, saem palavras de ninguém.
Desamor, tristeza, apatia, lágrima, solidão.
A poesia se foi.
Morávamos a poesia, as palavras e eu. Éramos felizes.
O resto é resto: é o reverso, a mentira, a maledicência.
O diabólico oclusivo que o vernáculo poético obstrui.

*

Completamente cego
deseja estar onde não pode,
não reconhece o chão que ocupa.
A insatisfação é sua amante,
o carinho, um ser ausente,
a agressão, sua ferida.

No Dia dos Pais, seu desprezo
(faca-foice noite adentro)
sentará à minha mesa,
ocupando o seu lugar.

*

(Para Waly Salomão)

o nascimento da obra
na dobra
da toca
da cobra.

*

(Para Ian Guest)

Estar atento:
à harmonia que oferece o mundo
à beleza que os homens criam
ao diamante que a amizade é.

*

O cachorro quando late,
a ave quando pia,
o homem quando fala.

O ódio quando ataca,
a dor quando golpeia,
o amor quando resiste.

*

Tigre, meu cachorro, morreu hoje.
Estava velho e doente.
Precisava de bengala.
Só que cães não usam bengalas.
Por isso, nunca se viu o Tigre de Bengala.

Ultimamente, se arrastava triste pela casa.
Mas, que bobagem.
Agora é tarde.
Agora o Tigre de Bengala está extinto.

*

Deus fazia os corpos
e dava, a cada um, uma voz.
A mais bonita, porém,
guardava para si.
Era uma voz diferente, cativante,
afinadíssima, que cantava,
enquanto Deus fazia os homens.
Certo dia, Deus resolveu
dar àquela voz um corpo
e permitir que viajasse
e vivesse um pouco sobre a terra.
Nesse dia, nasceu Clara Sandroni.

*

A vingança é o vício
que cultivas no jardim
dos desprazeres.

Desmontam-se arvoredos,
murcham as flores
e até o sol esconde seus raios.
Nada, no entanto,
satisfaz tua vingança.

Sorves ávidos goles
todos os dias
de teu líquido azedo.

Suportas os azedumes,
as desconfianças,
as velhas contas a pagar,
e chegas até a desconfiar
que a natureza seja cúmplice
de quem odeias
e trabalha surdamente
para te prejudicar.

O fel amargo liga-se
ao alimento podre que levas à mesa
e da mesa à boca,
como um suicida
enlouquecido pela própria dor.

*

(Quase prosa sobre nossa quase liberdade)

O rebelde personifica o desejo
humano, insuportavelmente humano,
de viver em liberdade,
sem admitir nada além de sua própria vontade.

A escravidão foi um momento
terrível, assustadoramente terrível,
quando alguns homens foram
perversamente
destituídos de qualquer desejo.

Não há como descrever quão horrível.
Não há como saber o que se passou
com eles, considerados, então,
uma espécie de sub-homens.

Deus, ó Deus, onde estás quando não respondes?

Acabou-se de imprimir
Inverso ao caos,
em 30 de dezembro de 2018,
na cidade de Cotia, SP,
nas oficinas da Meta Brasil,
especialmente para Ibis Libris.